Made in the USA
Monee, IL
02 April 2022

93981076R00069